BALZAC

BALZAC

HISTOIRE CONTEMPORAINE

Portraits et Silhouettes au XIX° siècle.

BALZAC

PAR

EUGÈNE DE MIRECOURT

5

Troisième édition

PARIS

LIBRAIRIE DES CONTEMPORAINS

13, RUE DE TOURNON

Et chez tous les libraires de France et de l'Etranger.

1869

BALZAC

Il y a dix-neuf ans, Victor Hugo disait sur la tombe de Balzac :

« Hélas ! ce travailleur puissant et jamais fatigué, ce philosophe, ce penseur, ce poëte, a vécu parmi nous de cette vie d'orages, de luttes, de querelles, de combats, commune dans tous les temps à tous les grands hommes. Aujourd'hui le voici en paix. Il sort des contestations et des haines ; il entre, le même jour, dans la gloire et dans le tombeau. Il va briller désormais au dessus de toutes ces nuées qui sont sur nos têtes, parmi les étoiles de la patrie. »

L'histoire entière de Balzac est contenue dans ces nobles et solennelles paroles.

Vivant, il a eu sans cesse à combattre les rivalités haineuses, les médiocrités jalouses; mort, chacun proclame son mérite, chacun lui tresse des couronnes. Ses ennemis eux-mêmes trouvent qu'il n'a pas assez de gloire.

Honoré de Balzac est né à Tours en 1799, le 16 mai, dans la maison de la rue Impériale [1] qui porte le numéro 45.

1. Cette rue s'appelait alors rue de l'Armée d'Italie. La maison qui appartenait au père du célèbre romancier est maintenant la propriété du général d'Outremont. Celui-ci l'a achetée de M. de Balzac père. On voit dans la cour un acacia planté par les ordres de madame Balzac, le jour même de la naissance de son fils, et qui depuis a été constamment respecté.

Son père, consultant le calendrier et trouvant de bon augure le nom du saint du jour, décida que son fils recevrait ce nom au baptême. Le jeune Honoré grandit à côté de deux sœurs charmantes, dont il refusait de partager les jeux, absorbé qu'il était, dès l'âge le plus tendre, par une sorte d'inspiration précoce qui l'emportait dans le monde des rêves. Il avait à ses côtés une fée mystérieuse, un ange gardien de son génie, qui le couvrait de ses ailes et le berçait doucement dans l'extase. Madame de Balzac, effrayée de voir un enfant si jeune en butte à des tendances ascétiques, essaya de le rendre aux goûts de son âge. On donna force jouets au petit Honoré. Dans le nombre, un seul eut le don de lui plaire : c'était un de ces Stradivarius de vingt-cinq sous qu'on achète à l'étalage des boutiques foraines. Il l'emporta tout joyeux et s'escrima de l'archet du matin au soir.

— Entends-tu comme c'est beau? disait-il à Laure, l'aînée de ses sœurs [1].

— Ma foi, non! répondit celle-ci: tu m'écorches les oreilles.

L'enfant la regarda d'un air scandalisé, quitta la chambre et alla tout seul continuer sa musique sous les arbres du jardin. Deux heures après, on le retrouva les yeux au ciel, le visage inondé de larmes, et jouant toujours du violon. Les notes grinçantes que les cordes rendaient au hasard se changeaient pour le jeune rêveur en une harmonie céleste. Il semblait faire sa partie dans le concert des anges.

Balzac lui-même a donné quelques détails pleins d'intérêt sur son enfance [2].

A cinq ans, il lut les Écritures et se perdit avec un attrait ineffable dans

1. Aujourd'hui madame de Surville.
2. Voir le roman qui a pour titre *Louis Lambert*.

leurs mystérieuses profondeurs. Tous les livres qui lui tombaient entre les mains étaient dévorés en un clin d'œil. Souvent, dès le point du jour, il partait, chargé de volumes, avec un morceau de pain dans sa poche, et s'en allait au fond des bois, où il lisait jusqu'à la nuit tombante.

Envoyé au collége des Oratoriens de Vendôme, il continua de s'y livrer à sa passion pour la lecture.

OEuvres scientifiques, philosophiques ou religieuses, tout lui était bon. Les dictionnaires eux-mêmes y passaient, depuis la première ligne jusqu'à la dernière. Il avait pour système de mériter le cachot et de s'y faire envoyer par les professeurs, afin de lire plus à l'aise et sans dérangement. Doué d'une mémoire prodigieuse, il retenait tout, les lieux, les noms, les mots, les choses, les figures. Bientôt il en résulta pour cette jeune tête un phénomène inquiétant. Au milieu du chaos produit par une myriade d'idées tourbillonnantes, la raison parut tout à coup s'éclipser.

Notre collégien, revenu à Tours, épouvanta sa famille. On prenait pour de l'idiotisme la somnolence inévitable causée, si nous pouvons nous exprimer de la sorte, par le travail de classement qui s'opérait dans le cerveau.

Assis au festin de l'intelligence, l'enfant avait absorbé des bibliothèques, et la digestion devenait pénible.

Ce philosophe de quatorze ans savait tout, excepté les choses les plus banales et les plus simples : il demandait avec quoi se faisait le pain, il ne distinguait pas une vigne d'un champ de blé. Quinze jours durant, il conserva dans un vase, avec le soin le plus attentif et le plus délicat, une fleur de citrouille que sa sœur

Laure lui avaient donnée pour un cactus des Indes.

Bientôt cette sorte d'apathie intellectuelle rapportée du collége se dissipa ; la mémoire avait terminé son classement, les ténèbres faisaient place à la lumière, et déjà Balzac entrevoyait dans l'avenir le splendide rayonnement de sa gloire.

— Vous verrez ! vous verrez ! disait-il à ses sœurs je serai célèbre un jour.

Le mot lui coûta cher.

A partir de ce moment, les railleuses jeunes filles ne l'abordaient plus sans lui prodiguer les révérences et sans lui dire avec un ton de voix extrêmement respectueux :

— Salut au grand Balzac !

En 1813, toute la famille quitta la Touraine pour se rendre à Paris. M. de Balzac père venait d'être promu à un emploi lucratif. Il plaça son fils dans un des pensionnats les plus en renom de la capitale. Le jeune homme y compléta ses études. A dix-huit ans, après avoir reçu les diplomes de bachelier et de licencié ès-lettres, il suivit simultanément les cours de l'École de droit, de la Sorbonne et du Collége de France.

Il était beau, vigoureux, plein de santé. L'étude la plus assidue le laissait sans fatigue. Ses yeux pétillaient; il avait constamment le sourire aux lèvres. On trouvait en lui la personnification la plus complète de la joie.

Rentré au logis de son père, il apprenait en se jouant le latin à ses sœurs, ou bien il s'amusait à classer les livres dont il avait fait l'acquisition chez les libraires du quai des Augustins avec l'argent destiné à ses menus plaisirs. Il commença dès lors à former cette bibliothèque précieuse qu'il montrait fièrement aux derniers jours de sa vie, « et qu'il eût léguée à sa ville natale, dit quelque part le bibliophile Jacob, si cette ville ne lui avait pas témoigné tant d'indifférence et même tant d'hostilité [1]. »

Balzac n'a pas été plus qu'un autre « prophète dans son pays. » Rien n'est facile à expliquer, du reste, comme cette éternelle vérification du vieil adage. Il y a chez les compatriotes une jalousie instinctive, un absurde orgueil qui les poussent à mettre à l'index les célébrités du crû. La sottise qui a eu le même berceau que le génie ne se résigne jamais à lui rendre hommage. Elle ne comprend pas que sur le même terroir puissent naître le peuplier superbe et l'arbuste rabougri. Le talent d'un seul cause l'humiliation de tous. On voit la faiblesse nier la

1. Aujourd'hui la ville de Tours célèbre des fêtes à sa gloire et parle de lui dresser des statues. Elle l'a honni vivant; mort, elle jette des palmes sur sa tombe.

force; le roseau critique le chêne et le cèdre subit les dédains de l'hysope. « Un tel est illustre, allons donc! nous avons joué aux billes ensemble! » Ou bien : « J'étais plus fort que lui en thème! » Ou mieux encore: « Son père n'avait pas le sou! »

Cette injustice du clocher cause aux grands hommes une affliction sérieuse.

Il serait si doux de cueillir des lauriers sur la terre natale! mais ils n'y trouvent que des verges. Le compatriote justifie pour eux un double proverbe et se range à l'opinion de leur valet de chambre.

Pour obéir aux ordres paternels, Balzac, tout en faisant son droit, travailla chez l'avoué Guyonnet de Merville, où il rencontra Scribe, qui n'avait pas plus de vocation que lui pour la procédure. On nous affirme que Jules Janin remplissait alors, dans la même étude, les fonctions de petit clerc.

La famille Balzac demeurait rue du Temple; Honoré eut, un certain soir de novembre, à soutenir l'interrogatoire solennel des auteurs de ses jours.

— Quatre mois encore, lui dit son père, et tu entres dans ta vingt et unième année. Quel état choisis-tu ?

— Ma vocation, répondit le jeune homme, me porte du côté des lettres.

— Es-tu fou ?

— Non, c'est un parti pris, je veux être auteur.

— Il paraît, dit Madame de Balzac en excitant du regard son mari à la sévérité, que Monsieur a du goût pour la misère ?

— Oui, répondit le chef de la famille, on voit des gens qui éprouvent le besoin de mourir à l'hôpital.

— Honoré, dit madame de Balzac, nos plans sont arrêtés pour votre avenir; nous vous destinons au notariat [1].

Le jeune homme fit un geste énergique de dénégation.

— Mais ignores-tu, malheureux, lui dit son père, à quoi peut te conduire le métier d'écrivain? Dans les lettres, il faut être roi pour n'être pas goujat.

— Eh bien dit Balzac, je serai roi!

Impossible de vaincre cette résolution tenace. Alors on eut recours au système pénitentiaire adopté par les familles, et qui consiste (passez-nous la trivialité du mot) à faire manger de la vache enragée au fils rebelle. Monsieur et Madame de Balzac décident qu'ils iront avec leurs autres enfants habiter la campagne. Honoré reste seul à Paris, afin d'y exercer

1. On avait retiré Balzac de l'étude de M. Guyonnet de Merville pour l'installer comme clerc chez le notaire Passez, ami de la famille.

la carrière de son choix. Sa bourse, comme on le devine, est garnie très-médiocrement; le manque de fonds seul peut l'amener à résipiscence.

Installé dans une pauvre mansarde voisine de la bibliothèque de l'Arsenal [1], il travaille avec un courage surnaturel, au milieu de privations de toutes sortes et sans rien perdre de sa gaîté. Les lettres qu'il envoie à cette époque à ses sœurs sont des chefs-d'œuvre de naïveté comique et d'enjouement. Sa mansarde, ouverte aux souffles de l'hiver, lui occasionne des maux de dents affreux. Il a

1. Rue Lesdiguières, nº 7. Balzac demeura ensuite rue du Roi-Doré, puis rue des Marais-Saint-Germain. En 1827, il s'installa rue de Tournon, nº 2, dans la maison de Henry de la Touche, avec lequel il se lia d'amitié. En 1830, il logeait rue Cassini. Ce fut là qu'il écrivit *Gobseck* et la *Peau de Chagrin*. Depuis, il a tour à tour habité la rue Saint-Honoré, Chaillot, Ville-d'Avray, Passy, et enfin ce petit hôtel des Champs-Élysées où la mort est venu le prendre.

les joues enflées par une fluxion perpétuelle.

« Ah ! ma pauvre Laure, écrit-il, si tu me voyais, tu ne me reconnaîtrais plus ; je suis un *Pater dolorosa !* »

Comme tous ceux qui débutent en littérature et qui ont encore l'imagination farcie des souvenirs de collége, Balzac se met à composer la tragédie de rigueur. Il dresse le plan d'un magnifique *Cromwell* en cinq actes, et nous avons la chance heureuse de pouvoir offrir à nos lecteurs quelques extraits de ce plan curieux, écrit en 1819, de la main de Balzac lui-même.

« Du respect, mademoiselle ! (C'est encore à sa chère Laure qu'il écrit.) Sophocle cadet vous parle. Écoute, ingénue ! Dans la première scène du premier acte, on voit entrer la reine Henriette, accablée de fatigue et ayant dépouillé les vêtements, prestige de sa grandeur. Elle arrive, soutenue par le fils de Strafford dans Westminster. Strafford tout en larmes lui décrit les nouveaux malheurs, et finit par lui dire que Charles est prisonnier. Tu juges l'élan de la reine, qui veut qu'on la conduise à son époux pour partager ses fers et le défendre. — SCÈNE II. — Au moment où Strafford conduit la reine, apparaissent Cromwell et son gendre Ireton. Strafford fait cacher la reine. — SCÈNE III. — Les conjurés arrivent, et l'on discute si l'on fera mourir ou non le roi. Cette scène sera fort vive. Fairfax (honnête garçon) défend la vie du roi et dévoile l'ambition de Cromwell. — SCÈNE IV. — Cromwell rassure les conjurés sur les craintes que leur a inspirées Fairfax, et l'on convient de faire mourir le roi. — SCÈNE V. — A ce moment, la reine indignée (elle a tout entendu) s'élance et tu juges!.... quel discours! *(Elle sort.)* — SCÈNE VI.

— Cromwell et ses amis sont ravis ; c'est une victime qui leur manquait. *(Ils sortent.)*

ACTE II *(toujours dans Westminster)*.

SCÈNE Ire. — Le roi seul (dans sa prison) fait un monologue... ah !... aux oiseaux ! SCÈNE II. — La reine vient trouver le roi. (C'est là où il faut du talent !) Expansion. La reine rend compte de ses démarches. (Que de difficultés ! l'amour conjugal sur la scène pour tout potage ! mais il faut qu'il embrase la pièce), » etc., etc.

Tout le reste du plan est de la même candeur et du même style. On aime à assister aux premiers tâtonnements de ce beau génie, qui certes n'était pas là dans sa route. Il se fourvoyait en essayant de parcourir les sentiers de l'art dramatique, beaucoup trop étroits pour les allures puissantes de son imagination. Balzac, après avoir expliqué en détail le plan de *Cromwell* à sa sœur, termine de la sorte :

« Si tu as quelques belles pensées, communique-les-moi. Garde les jolies, il ne me faut que du sublime. Ma tragédie sera le bréviaire des rois et des peuples ; je veux débuter par un chef-d'œuvre ou me tordre le cou. Il est déjà une heure du matin, et j'ai encore à t'écrire. (Je ne l'intitule pas *Charles Ier* pour ne pas effaroucher S. A. R. duchesse d'Angoulême). Si je m'écoutais, je couvrirais une rame en t'écrivant. Ce qui me demande le plus de travail, c'est l'exposition. Il y a à faire le portrait de *Cromwell*, et Bossuet m'épouvante. Cependant j'ai des vers déjà tournés... Ah ! ma sœur ! ma sœur ! si je suis un Pradon, je me pends. »

A quelques mois de là, Balzac, ayant

terminé ses cinq actes, vint les lire à sa famille.

On avait invité quelques personnes capables de juger l'œuvre, entre autres Stanislas Andrieux, professeur de littérature au Collége de France [1]. Celui-ci, la lecture achevée, déclara d'un ton de pédagogue et en présence même du jeune auteur, que la tragédie ne révélait chez celui qui l'avait écrite aucun germe de talent.

Sous le coup de cette critique brutale Balzac retourna dans sa mansarde, humilié sans doute de voir condamner sa pièce, mais en appelant à son courage pour infirmer la décision d'un juge trop rigoureux, et peut-être jaloux. Il renonça au laurier tragique et se fit romancier.

Bravant la souffrance matérielle et

1. Auteur d'*Anaximandre*, de *Junius Brutus* et de sept à huit autres pièces.

riant au nez de la misère, il écrivit quarante volumes, publiés tour à tour par ces éditeurs vampires qui se tiennent au berceau du génie et l'étouffent dans leurs embrassements avides. Ils ont pour système de laisser mourir un auteur de faim, l'exploitent à leur aise, vendent ses livres sous le manteau, presque toujours avec un pseudonyme [1], ou à la faveur de quelque préface parasite, et lui enlèvent toute sa publicité, toute sa gloire.

— Tu le vois, dit M. de Balzac, à son fils, tes efforts sont infructueux. Un homme qui arrive à l'âge de vingt-cinq ans sans pouvoir gagner par son travail

1. Les premiers romans de Balzac ont été publiés sous les noms de lord R'hoone, anagramme d'Honoré, et d'Horace de Saint-Aubin. Ces romans avaient pour titres : *Argow le Pirate*, la *Dernière fée*, le *Sorcier*, l'*Israélite*, *Jane la Pâle*, le *Vicaire des Ardennes*, *Jean Louis*, l'*Héritière de Birague*, etc., etc.

l'argent nécessaire à sa propre subsistance est dans une fausse route.

Le jeune homme soupira. Bien certainement il n'était pas convaincu; il sentait qu'il se brisait la tête contre une muraille de bronze.

Par un suprême effort d'énergie, il résolut d'arriver à la fortune et à l'indépendance pour avoir enfin le droit d'écrire. Un ancien camarade de collége lui prêta des fonds et le mit en mesure d'exploiter une idée de librairie assez féconde. Il s'agissait d'imprimer en un seul volume compact les œuvres de Molière, et, en un second volume pareil au premier, celles de la Fontaine. L'affaire présentait toutes les chances de succès possibles.

Balzac écrivit une introduction remarquable en tête de chaque volume, et les publia.

Mais il avait compté sans le mauvais

vouloir des libraires. Aucun de ces derniers, pour *nous servir* d'une expression reçue, ne poussa à la vente. L'édition dépréciée tomba au rabais, et Balzac vit s'engloutir la somme qui lui avait été confiée. Son ami ne se découragea pas. Il lui prêta de nouveau de l'argent pour l'aider à se relever de cette perte. M. de Balzac père, heureux de voir son fils marcher dans une autre voie, fournit lui-même trente mille francs, destinés à l'achat d'une imprimerie.

Voilà donc notre romancier lancé à corps perdu dans toutes sortes d'entreprises typographiques.

Établi rue des Marais-Saint-Germain, n° 13, il monte douze presses, organise une fonderie de caractères, donne à toute sa maison l'activité la plus merveilleuse et croit enfin sortir vainqueur de sa lutte avec le sort. Malheureusement, à cette époque, la Restauration menacée s'imaginait échapper au péril en muselant la presse, en imposant à la librairie entrave sur entrave. Un fonds de roulement de cinquante ou soixante mille francs eût été nécessaire au jeune imprimeur pour attendre des temps moins rudes. Il ne le trouva pas, et fut obligé de céder à vil prix un matériel qui a fait la fortune de ses successeurs [1].

Balzac revint à la littérature, non plus seulement pour vivre, mais pour payer les dettes qu'il avait contractées.

Au lieu d'abattre les grandes âmes, le malheur double leur énergie. La foi, chez l'artiste comme chez le chrétien, soulève les montagnes, et nous allons voir tout à coup resplendir au plus haut du ciel littéraire cette gloire si lente à son aurore.

Un libraire non vampire, M. Levavas-

1. M. Deberny, acquéreur de la fonderie de caractères, y a gagné plus d'un million.

seur, édite les nouvelles œuvres de Balzac. Il l'engage à les signer de son nom. Le *Dernier Chouan*, la *Femme de trente ans*, les *Deux Rêves*, la *Maison du Chat qui pelote*, le *Bal de Sceaux*, publiés de 1827 à 1829, commencent à rendre populaire notre patient écrivain, et la *Physiologie du Mariage* achève d'asseoir sa renommée sur une base solide.

Dès ce moment il ne s'arrête plus.

Ses nuits et ses jours sont consacrés au travail. Il absorbe à chaque page qu'il écrit une gorgée d'essence de café, chasse le sommeil et se brûle le sang; mais aussi que de chefs-d'œuvre! que de conceptions admirables ! *Gobseck*, la *Vendetta*, la *Peau de Chagrin*, *Sarrasine*, *Louis Lambert*, l'*Illustre Gaudissart*, le *Médecin de Campagne*, *Ferragus*, *Eugénie Grandet*, *Séraphita*, la *Duchesse de Langeais*, le *Père Goriot*, la *Recherche de l'absolu*, un *Grand homme de province à Paris*, le *Lys dans la Vallée*, le *Curé de Village*[1] et vingt autres romans, en tout plus de soixante volumes, paraissent dans un intervalle de six années.

Et Balzac n'a jamais eu de collaborateurs, et ses plus grands ennemis n'osent pas soutenir qu'une ligne, une seule ligne étrangère, soit venue, à aucune époque, déshonorer son œuvre.

Tout lui appartient, à celui-là.

Jamais il n'a mis son nom glorieux comme estampille sur le livre d'un autre, pour le vendre en contrebande; jamais il n'a passé avec le journalisme de ces marchés impudents que nous avons vu conclure à la honte des lettres françaises. La postérité n'aura pas à faire un triage dans les volumes signés de lui pour les

1. Tous ces livres ont eu d'innombrables éditions et ont fait la fortune de beaucoup de libraires, parmi lesquels nous citerons M. Hippolyte Souverain.

rendre aux véritables auteurs et venger la morale publique.

La *Comédie humaine* est une création gigantesque. On peut dire qu'à elle seule c'est tout un monde[1].

Balzac est le Benvenuto Cellini de la littérature moderne : il a sculpté ses livres avec une patience admirable. Toutes ses phrases sont ciselées. Il excelle dans la fonte des passions et coule ses personnages en bronze.

Depuis Molière, aucun auteur n'a plus profondément exploré le cœur humain. La femme, cet éternel désespoir du peintre de mœurs, cet être fugitif et mystérieux, cette fleur aux mille nuan-

1. Elle se divise en huit grandes séries : 1° *Scènes de la vie privée*; 2° *Scènes de la vie de province*; 3° *Scènes de la vie parisienne*; 4° *Scènes de la vie politique*; 5° *Scènes de la vie militaire*; 6° *Scènes de la vie de campagne*; 7° *Études philosophiques*; 8° *Études analytiques*.

ces insaisissables, la femme a trouvé tout à coup son naturaliste, son historien, son poëte. Elle lui a donné le secret de ses joies et de ses misères; elle lui permet d'expliquer ses mignardises, ses chatteries, ses dédains, ses préférences, ses caprices et ses bonheurs.

Chacune des phrases de ce grand livre, dont notre mère Ève a écrit la première ligne, est traduite fidèlement par Balzac.

Il déchiffre les hiéroglyphes les plus obscurs du sentiment. Son scalpel met à nu les fibres les plus délicates de la pensée. Il dissèque le cœur de la femme, en analyse toutes les palpitations, toutes les tendresses; il nous montre dans leur exquise et parfaite essence les adorables qualités qui la distinguent; puis il cherche les défauts, il les surprend tour à tour avec une pénétration merveilleuse. L'ombre succède à la lumière, et, sous l'enveloppe de l'ange, on découvre le démon. Ruses du sourire, perfidie du geste, diplomatie du regard, rien n'échappe à cet anatomiste habile. Le génie de la création semble lui avoir donné la clef de tous ses mystères.

Quand on compare les femmes de Balzac aux femmes de George Sand, on y trouve la différence qui existe entre la saine logique et le paradoxe, entre la vérité et le mensonge.

Balzac instruit, madame Sand trompe.

Le premier moralise, la seconde atteint un but absolument contraire. Toutes les *Indiana* et toutes les *Valentine* du monde pâlissent devant *Renée* et *Louise*, ces types délicieux que nous offrent les *Mémoires de deux jeunes mariées*. On ne cherche pas longtemps la conclusion morale de ce livre. Madame Sand, à qui Balzac l'a dédié ironiquement, a dû comprendre que l'amour exalté de ses héroïnes n'enfante que perdition et malheur. *Renée* se sauve de l'amour par la maternité et vit heureuse, tandis que *Louise* est tuée par l'amour, parce qu'elle n'a pas eu la maternité.

Balzac n'aimait pas George Sand. Il disait d'elle :

« — C'est un écrivain du genre neutre. La nature a eu des distractions à son égard : elle aurait dû lui donner plus de culotte et moins de style. »

Cependant, malgré le succès de ses livres, Balzac ne s'enrichissait pas. Il travaillait avec trop de conscience et trop de lenteur. Jamais il n'était content de lui-même. Un de ses romans, *Pierrette*, fut remis quatorze fois sur le chantier.

— Mais, lui disait l'imprimeur, vous allez avoir pour dix-huit cents francs ou deux mille francs de correction.

— Qu'importe ? répondait Balzac, allez toujours !

On lui obéit; il ne s'arrêta qu'à la vingt-septième épreuve. *Pierrette* était dédiée à la charmante femme qui devait un jour porter son nom [1]; il voulait lui envoyer tout son talent avec tout son cœur. Les corrections du livre dépassèrent le prix de vente de trois ou quatre cents francs. Il était impossible que l'auteur payât ses dettes avec un pareil système.

« Balzac poussait si loin le mérite de la vérité et de l'exactitude, dit le bibliophile Jacob, qu'il ne dépeignit jamais un pays sans l'avoir visité, et qu'il ne craignait pas de faire un voyage pour voir une ville, une rue, un lieu quelconque où il voulait placer les scènes de son drame. De là ces merveilleux tableaux du logis Grandet à Saumur, et de la maison Rouget à Issoudun. M. de Balzac était

1. Madame Ève de Hanska.

peintre à la manière de Gérard Dow, de Miéris, et de Rembrandt. »

Ahuri par les clameurs de ses créanciers, il avait des moments de tristesse profonde, que la douce affection des siens s'appliquait à dissiper. Presque chaque soir, il dinait chez sa sœur Laure, établie à Paris avec son époux et ses deux filles.

— Voyons, mes gazelles (il appelait ainsi ses nièces), dit-il un jour en entrant, prêtez-moi du papier et un crayon... Vite! vite!

On lui donna ce qu'il demandait.

Il passa près d'une heure, non pas à écrire des notes, comme on se l'imagine peut-être, mais à aligner des chiffres les uns sous les autres et à les additionner.

— Cinquante-neuf mille francs, murmura-t-il, je dois cinquante-neuf mille francs ! Il ne me reste plus qu'à me brûler la cervelle ou à me jeter à la Seine :

— Et le roman que tu as commencé pour moi, tu ne l'achèveras donc pas[1] ? lui dit en pleurant sa nièce Sophie.

— Cher ange !... en effet, j'ai tort de me décourager de la sorte. Travailler pour toi, cela me portera bonheur. Voyons, plus d'idées sombres. J'achève ton roman, c'est un chef-d'œuvre; je le vends trois mille écus, les éditeurs me proposent des traités superbes... A merveille ! Je paye en deux ans mes créanciers, je vous amasse une dot, et je suis pair de France. Voilà qui est convenu, dînons.

1. Balzac défendait à ses nièces de lire ses œuvres. Il composa tout exprès pour elles *Ursule Mirouet*, un angélique et chaste livre, dont chaque page est empreinte du sentiment chrétien le plus pur.

— Et les places de théâtre que tu nous as promises, mon oncle?

— Tiens, justement je les ai dans ma poche. Nous irons au Gymnase.

— Mais tu n'es pas habillé.

— Surville me prêtera son habit... N'est-ce pas, Surville?... A table, mes gazelles, à table!

Le dîner fut d'une gaîté folle. Balzac ne pensait plus au chiffre de ses dettes. On apporta du bordeaux et des marrons au dessert.

— Habille-toi donc, mon oncle! crièrent les jeunes filles nous serons en retard.

— C'est juste, dit Balzac, se levant de table et passant pour faire toilette dans une pièce voisine.

La porte restait entr'ouverte. Au bout de quelques minutes, il cria :

— Eh! Surville, laisse-moi du bordeaux!

— Diable, fit son beau-frère, la bouteille est vide, nous avons tout bu; mais je vais descendre à la cave.

— Non, ne te dérange pas. S'il n'y a plus de bordeaux, je mangerai des marrons en place.

Et toute la famille d'éclater de rire.

Si nos lecteurs trouvent ces anecdotes puériles, bien certainement ils auront tort, car elles peignent Balzac au naturel. La Providence, à côté des traverses sans nombre et des inquiétudes dont fut semée sa vie, lui donnait ce caractère heureux sur lequel glissait le chagrin. Une minute de joie effaçait chez lui des heures de désespoir et lui rendait tout le ressort nécessaire à ses travaux. Souvent il jouait avec ses nièces pendant des jours entiers, comme Henri IV faisait avec ses enfants.

Quand sa sœur le grondait de perdre ainsi des moments précieux, il s'écriait :

— Tais-toi, Pétrarque [1] ! il faut que ma tête se soulage, sans quoi je deviendrais cerveau.

Les douleurs de dents qu'il avait gagnées dans sa froide mansarde de la rue Lesdiguières le tourmentaient encore. Il refusait de se soigner, prétendant que, les loups n'ayant jamais recours aux dentistes, les hommes devaient être comme les loups.

— Allons donc, tu manques de courage, et tu n'oses pas te faire arracher une dent, dit sa sœur.

— Par exemple ! J'en ai là une qui branle ; donne un bout de fil, tu verras si je ne l'extirpe pas moi-même.

1. Il lui donnait plaisamment ce nom, parce qu'elle s'appelait Laure.

Il se mit en devoir de procéder à l'opération. Mais il y allait avec tant de délicatesse et de mesure, que sa sœur impatientée se précipita sur la main qui tenait le fil et arracha, par l'effet de cette brusque secousse, la canine malade.

— C'est singulier, dit Balzac ; il paraît que je ne tirais que moralement.

L'esprit de réplique et d'à-propos ne lui manquait jamais. Il lançait tout ce qui lui venait aux lèvres, accompagnant ses saillies de ce gros rire tourangeau qui l'a fait comparer à Rabelais, son joyeux compatriote, avec lequel, n'en déplaise à madame Sand, il a plus d'un trait de ressemblance.

Comme la littérature ne lui fournissait décidément pas de quoi payer ses dettes, Balzac se creusa l'imagination pour arriver à la découverte d'une industrie capable de l'enrichir. Lisant un jour Tacite, et voyant que les Romains avaient exploité jadis en Sardaigne des mines d'argent, il se frappe le front et s'écrie :

— Je suis millionnaire !

Sans plus de retard, il emprunte cinq cents francs, court à Marseille, s'embarque sur un bâtiment génois et communique son idée au capitaine, qui la trouve délicieuse. Il est de toute évidence que les Romains, peu versés dans l'art de la chimie, n'ont dû scorifier que médiocrement les mines. Balzac s'assure du fait à son arrivée en Sardaigne, rapporte du minerai à Paris, acquiert par l'analyse la preuve qu'il renferme encore beaucoup de métal, et demande au gouvernement sarde l'autorisation de glaner après les Romains.

On lui répond qu'il est trop tard.

Le capitaine du bâtiment génois a trouvé l'idée si bonne, qu'il s'est hâté de solliciter à son profit la susdite autorisation.

Victime de cet abus de confiance, Balzac ne se déconcerte pas et cherche d'autres moyens de conquérir la fortune. Dutacq, ancien gérant du *Siècle*, nous avoua que, deux mois durant, sous un berceau des Jardies [1], loin des regards indiscrets et dans le plus profond mystère, l'auteur de la *Comédie humaine* et lui se sont torturés le cerveau pour résoudre le vieux problème du mouvement perpétuel.

Un soir Balzac bondit comme Archimède en s'écriant : « — *Euréka!* J'ai trouvé! »

Séance tenante, il fait signer à Dutacq que la découverte leur appartient en commun. Celui-ci donne son parafe de grand

1. Maison de campagne que Balzac habitait alors à Ville-d'Avray.

cœur. Mais, hélas ! après avoir étudié plus scrupuleusement le système, Balzac y reconnait un vice, et son associé reçoit, le lendemain, le billet suivant :

« N'y comptez plus, il manque deux chevaux à la machine. »

Un plan condamné, Balzac se rejetait sur un autre. Tantôt il cultivait des ananas pour se faire deux cent mille livres de rente, oubliant que ces fruits exotiques ne peuvent mûrir sous notre froid soleil ; tantôt il se livrait à des combinaisons mathématiques on ne peut plus savantes, avec l'espoir d'en trouver une au moyen de laquelle il ferait sauter les banques de Bade et de Hombourg.

Jules Sandeau lui venait en aide dans la recherche de ce paroli puissant qui devait leur amener des montagnes d'or..

« — *Euréka !* j'ai trouvé ! cria pour la seconde fois Balzac, ivre d'espoir.

— Oui... mais le double zéro? vous n'en avez pas tenu compte, dit Sandeau. Tout s'écroule, c'est à recommencer. »

Sans le double zéro, les banques d'Allemagne auraient vu leur dernier jour.

Une dernière fantaisie de Balzac fut d'aller en Corse cultiver l'opium. Il élaborait avec un soin extrême tous ces plans étranges, et il était impossible, en l'écoutant, de ne pas partager ses illusions : il magnétisait son auditeur, il le tenait pantelant sous l'action de sa parole et de son regard.

Dutacq se sauva un jour des Jardies en s'écriant :

« — Ma parole d'honneur, il me rendra fou comme lui ! »

Edouard Ourliac, Lasailly, Gérard de Nerval, Laurent Jean et le marquis de Belloy ont raconté des choses merveilleuses de cette puissance de fascination de Balzac. On ne pouvait pas collaborer avec lui. Son imagination vous emportait dans les espaces. Il effrayait, il donnait le vertige.

L'illustre écrivain renonça définitivement à ces fous rêves. On lui fit comprendre qu'il était plus simple de chercher la fortune au sein du domaine littéraire, dont il avait la libre exploitation.

— Créez un journal, une revue, lui dirent ses amis ; votre nom seul amènera des souscripteurs par phalanges.

Balzac suivit ce conseil.

Mais une chance fatale s'acharnait après lui et paralysait ses efforts. Le *Feuilleton littéraire*, la *Revue Parisienne* et la *Chronique de Paris* moururent entre ses mains. Il était trop artiste. Quand il écrivait lui-même de bonnes et consciencieuses pages, quand les Méry, les Théophile Gautier, les Charles de Bernard, les Chaudesaigues, les Gustave Planche répondaient à son appel et lui prêtaient leur concours, il croyait avoir assez fait pour le public. Il ne *girardinisait* pas ses lecteurs ; il regardait comme indigne de lui-même et de sa gloire de recourir aux promesses mensongères de l'affiche, aux bourdes de l'annonce. Balzac était un de ces hommes naïfs, faciles à duper, mais incapables de duper personne.

Il avait la confiance et la bonhomie d'un bourgeois de province.

On lui présente, un soir, à la *Chronique de Paris*, un très-jeune homme qui veut, dit-on, commanditer l'entreprise. Balzac invite ce jeune homme à dîner en compagnie des rédacteurs de la *Revue*. Son convive est traité en prince. Le champagne mousse, les bouteilles se vident, l'esprit court en fusées d'un bout de la table à l'autre. Après le café, le prétendu commanditaire se lève et dit à l'illustre rédacteur en chef :

— Eh bien, monsieur de Balzac, voilà qui est entendu, j'en parlerai à papa !

Ce *j'en parlerai à papa* produisit sur les dîneurs l'effet du *Mané thécel pharès*. Balzac avait pris le collégien candide pour un bailleur de fonds sérieux. On lui eût affirmé, dans ses moments de gêne, qu'un sac d'or lui descendrait de la lune, à minuit, qu'il aurait tendu les mains pour le recevoir.

La *Chronique* perdait des abonnés chaque jour. Elle publiait en vain des chefs-d'œuvre ; il y avait autour d'elle, dans la presse parisienne, une légion de charlatans qui faisaient rage sur leur tréteaux et vendaient, à grand renfort de coups de tam-tam, leurs drogues politiques et littéraires, au détriment des saines élucubrations de Balzac et de ses amis. L'auteur du *Lys dans la vallée* travailla dix-huit mois pour ajouter vingt-cinq mille francs de plus au chiffre de son passif. Il en devait dix mille à l'ancien directeur du journal[1].

Celui-ci, gêné lui-même, fut obligé de poursuivre rigoureusement son débiteur et le menaça de la contrainte par corps.

Mais Balzac était introuvable.

Le garde du commerce chargé de le prendre venait de passer trois semaines en courses inutiles, quand une Ariane vindicative (elle mériterait bien de voir écrire ici son nom en toutes lettres) se présenta chez le créancier et lui dit :

— Monsieur, vous faites chercher M. de Balzac. Or, j'ai *un intérêt très-grand* à ce que M. de Balzac soit mis en prison (charmante femme !) et je vais vous faire connaître le lieu de sa retraite : il demeure aux Champs-Élysées, à l'hôtel de madame Visconti.

1. M. Duckett, qui rédigea depuis le *Dictionnaire de la Conversation*.

Rien n'était plus exact que ce renseignement.

Deux heures après l'hôtel était cerné. Balzac, interrompu au milieu d'un chapitre de roman, vit entrer deux recors, armés du gourdin traditionnel. Ils lui signifièrent qu'un fiacre attendait à la porte.

Une femme avait trahi notre écrivain, ce fut une femme qui le sauva.

Royalement hospitalière, madame Visconti jeta dix mille francs au nez des recors et leur montra la porte.

Guéri à tout jamais des entreprises industrielles, Balzac se remit au travail avec cette énergie victorieuse et cette passion du beau qui sont les deux traits les plus saillants de sa nature. Outre les œuvres mentionnées précédemment, il publia, de 1837 à 1845, *la Vieille Fille*, *le Cabinet des Antiques*, *César Birotteau*, *la Filandière*, *Une Fille d'Ève*, *Mercadet*, *Vau-*

trin[1], *les Ressources de Quinola*, *Une Ténébreuse Affaire*, *Béatrix*, *Albert Savarus*, *Un Début dans la vie*, *Honorine*, et cette admirable *Monographie de la Presse parisienne*[2], qui le vengea d'un seul coup de tant d'agressions odieuses.

Comme tous les hommes d'un talent supérieur et qui se trouvent, par cela même, au dessus de l'injure, Balzac méprisait profondément cette tourbe d'écrivassiers qui s'agitent dans les limbes du petit journalisme.

1. Drame en cinq actes, dont Frédérick Lemaître joua le principal rôle. Le ministère prétendit que l'acteur s'était grimé de manière à ressembler à Louis-Philippe, et on défendit la pièce.

2. L'édition par excellence, et l'on peut dire l'édition définitive des œuvres de Balzac, est celle que publient Michel Lévy frères. Elle est mieux soignée et plus complète que les éditions de Furne et de Houssiaux. Un investigateur patient a réuni en une sorte de faisceau lumineux toutes les *Pensées de Balzac*, recueillies dans ses œuvres. Un autre a dressé la liste de tous les personnages de la *Comédie humaine*; ils sont au nombre de cinq mille.

— Ce sont les punaises de la littérature, disait-il ; on les écrase quelquefois, parce qu'elles mordent, mais on ne se met pas en colère contre elles.

Harcelé sans cesse, il se défendait avec calme, sans descendre de la hauteur de son génie. L'introduction du *Lys dans la vallée* est une preuve de ce que nous avançons. Balzac l'écrivit à l'époque de son procès avec M. Buloz [1]. Aujourd'hui que les passions sont éteintes et que la mort a séparé les adversaires, le survivant peut dire si une seule page de cette introduction est tachée de fiel.

En 1834, on décida l'auteur du *Père Goriot* à sonder le terrain académique. C'était grave.

Il avait de ce côté-là plus de jaloux encore et plus d'ennemis que partout ail-

1. En 1836 M. Buloz avait fait paraître une édition incomplète de cet ouvrage dans le *Journal de Saint-Pétersbourg* sans l'aveu de M. de Balzac.

leurs. Ne voulant pas s'exposer directement à des rebuffades, il fit pressentir sur sa candidature trois académiciens, qui passaient pour de chauds meneurs en matière d'élections. Ceux-ci ne parurent pas décidés le moins du monde à lui ouvrir les portes du temple. Le plus influent des trois appuya son refus de cette magnifique raison :

— Que voulez-vous ? M. de Balzac n'est pas dans un état de fortune convenable.

A cela Balzac répondit :

— Puisque l'Académie ne veut pas de mon honorable pauvreté, plus tard elle se passera de ma richesse.

Il était convaincu que la fortune allait enfin lui sourire. Hélas ! il la vit effectivement apparaître, mais derrière elle se tenait la mort !

Balzac devait être la victime du mauvais goût de son époque. Il fut assassiné par le mercantilisme littéraire, auquel, de jour en jour, la complicité de certains journaux donnait plus de force. On mettait à la mode des romans dialogués et accidentés, œuvres rapides et folles qui se pliaient aux exigences de la colonne, tenaient le lecteur en suspens par des combinaisons stupides de chandelle éteinte, de porte close ou de chausse-trappe béante, renonçaient aux détails de mœurs, à la peinture de caractères, tiraient à la ligne, encombraient la place et s'étalaient d'un bout du journalisme à l'autre en flasques et désolantes tartines. Balzac voulut lutter contre cet envahissement et rester lui même. Il eût été de force à le faire, si ses ennemis eussent combattu à armes courtoises, c'est à dire en opposant plume à plume, travail à travail. Mais ils avaient juré de lui fermer la lice et de rendre le combat impossible.

C'est alors que nous avons vu opérer en plein soleil et en plein scandale ces marchands éhontés qui trafiquaient de l'honneur des lettres, établissaient à tous les coins des fabriques de romans, faisaient travailler des esclaves, et signaient sans honte, en face du public, les produits d'une plume anonyme.

Pendant cette période honteuse où Mercure était devenu le dieu des lettres, Balzac imprima des livres qui passèrent presque inaperçus[1]. Nous citerons *Ève et David*, — *Splendeur et misère des courtisanes*, — *Modeste Mignon*, — les *Comédiens sans le savoir* — et les *Parents pauvres*. Ce dernier ouvrage surtout prouve que le talent de l'auteur grandissait encore.

On ne s'imagine pas combien Balzac était humilié quand un éditeur établissait

1. On doit dire, à la louange de l'éditeur Hippolyte Souverain, que, malgré l'indifférence du public, il s'appliqua constamment à maintenir Balzac à la hauteur de sa renommée.

un point de comparaison quelconque entre ses romans et ceux du mousquetaire Dumas ou du socialiste Eugène Sue.

Voici un fait dont nous avons été témoin.

C'était pendant l'hiver de 1843. MM. Maulde et Renou publiaient un *Tableau de la Grande Ville*, dont Marc Fournier, devenu plus tard directeur de la Porte-Saint-Martin, surveillait la rédaction. Balzac entre, un soir, dans le cabinet des éditeurs et leur dit :

— Nous sommes convenus, Messieurs, que la *Monographie de la presse parisienne* me serait payée à raison de cinq cents francs la feuille.

— En effet, répondirent-ils.

— J'ai reçu quinze cents francs ; il y a quatre feuilles, c'est donc cinq cents francs que vous restez me devoir.

— Mais vos corrections, monsieur de

Balzac, savez-vous à quel chiffre elles montent ?

— Il n'a pas été dit que je payerais les corrections.

— Sans doute, répliqua M. Renou. Pourtant je dois vous dire que l'article d'Alexandre Dumas, *Filles, Lorettes et Courtisanes*, a produit également quatre feuilles. Nous n'avons pas donné un centime de plus.

Balzac tressaillit et devint pâle.

Evidemment, pour faire une pareille démarche, il se trouvait dans une grande pénurie financière; mais il oublia tout devant les paroles qu'il venait d'entendre, n'insista plus, se leva, prit son chapeau, et dit avec un accent de dignité solennelle :

— A partir du moment où vous me comparez à ce nègre-là, j'ai bien l'honneur de vous saluer !

Il sortit.

Le nom seul d'Alexandre Dumas fit gagner cinq cents francs à la caisse de la *Grande Ville*.

Ce noble Christ de l'art avait, comme le Christ du Golgotha, des larrons à sa droite et à sa gauche. Par malheur, ceux-ci n'étaient pas crucifiés; leurs mains étaient libres, ils s'en servaient pour tout prendre. Non seulement ils repoussaient Balzac au seuil des journaux, mais ils parvenaient à lui fermer la porte du théâtre.

On sait que, de ce côté-là, beaucoup de succès se font à la main, et que, par contre, les chutes s'organisent avec la facilité la plus grande.

Depuis la mort de Balzac, *Mercadet* a eu les honneurs de la rampe. On a joué au Vaudeville avec succès *Vautrin* et les *Ressources de Quinola*. Bien assurément *Paméla Giraud* et la *Marâtre* obtiendront quelque jour au théâtre un triomphe posthume. On ne ment plus en présence d'une tombe.

Les envieux se taisent quand la postérité parle.

Balzac a été le plus grand travailleur des temps modernes. Il faut remonter jusqu'aux moines du moyen âge pour trouver le même zèle, la même assiduité, la même patience. Il se couchait tous les soirs à cinq heures et demie, après son dîner, se levait à onze heures ou minuit, s'enveloppait du froc monacal qu'il avait adopté pour robe de chambre, et travaillait sans désemparer jusqu'à neuf heures du matin.

Son domestique François lui apportait alors à déjeuner, prenait en même temps les épreuves attendues par l'imprimeur, et Balzac, tirant sa montre, lui disait avec un sérieux imperturbable :

— Je te donne dix minutes pour porter cela à Charenton.

L'imprimerie était *extrà muros*, et l'écrivain restait rue Saint-Honoré, c'est à dire à une distance de près de deux lieues, ce qui n'empêchait pas François de répondre :

— Dix minutes, soit. Je pars.

Balzac, après son déjeuner, reprenait la plume jusqu'à trois heures, faisait une promenade dans les champs jusqu'au dîner, se couchait ensuite, et recommençait le même train de vie tous les jours.

Quand on songe à la manière dont il écrivait ses romans, on est effrayé de la force de ce génie, assez sûr de lui-même pour ne pas craindre de perdre ses éléments créateurs et pour appliquer aux lettres le procédé que les peintres adoptent pour leurs toiles. Balzac ébauchait un roman comme on ébauche un tableau. Son premier jet, même en écrivant ses livres les plus longs, n'a jamais dépassé trente ou quarante pages. Il lançait chaque feuillet derrière lui sans le numéroter, afin d'échapper à la tentation de relire, et, le lendemain, on lui donnait, avec des marges énormes, les épreuves de son manuscrit. Les quarante pages en formaient cent sur la seconde épreuve deux cents sur la troisième, et ainsi de suite jusqu'à la fin de l'ouvrage.

Cette manière d'écrire faisait le désespoir des compositeurs d'imprimerie.

Retrouvant avec une multitude prodigieuse de renvois et de surcharges leur travail de la veille, ils se croyaient en face du chaos. C'était un rayonnement bizarre, un véritable feu d'artifice dont les fusées se croisaient, s'enchevêtraient, tournaient à droite, revenaient à gauche, descendaient, montaient, se heurtaient et leur donnaient le vertige.

Dans chaque traité qu'ils passaient

avec leurs patrons, ils spécifiaient, comme clause rigoureuse, qu'ils n'auraient pas, journée commune, plus de *deux heures de Balzac*.

Toutes ces épreuves du maître ont été conservées et se vendent à prix d'or.

Nous ne terminerons pas cette biographie sans mettre le lecteur en garde contre les fausses anecdotes et les calomnies indécentes que les ennemis de Balzac ont inventées à toutes les époques pour attaquer sa réputation ou le tourner en ridicule. Il y a des gens qui se plaisent à déposer des immondices au pied des Pyramides. Quand les journaux de France n'osaient pas imprimer tel ou tel mensonge, on l'expédiait sous enveloppe aux feuilles étrangères, et la presse parisienne, dégagée de toute responsabilité, faisait écho sans scrupule.

Ce fut ainsi que l'on accusa M. de Balzac

d'enfouir des millions au lieu de payer ses dettes.

Les uns soutenaient qu'après la publication du livre de M. de Custine sur la Russie, l'auteur du *Père Goriot* s'était hâté de prendre la poste pour aller offrir sa plume au czar, et que le czar l'avait honteusement chassé de Saint-Pétersbourg. D'autres lui reprochaient d'avoir laissé mourir une de ses sœurs à l'hôpital. C'était un concert de calomnies plus infâmes les unes que les autres, et dont la *Gazette d'Augsbourg* ou la *Gazette de Milan* prenaient tour à tour l'initiative.

Théophile Gautier seul avait le courage de défendre son premier protecteur et son maître.

Balzac ne daignait pas répondre à ces attaques déloyales. Il riait ou haussait les épaules en écoutant toutes ces grenouilles coassant dans les marais de la critique.

Après avoir terminé les *Parents pauvres*, il ressentit les premières atteintes de la maladie cruelle qui devait l'emporter, juste au moment où lui arrivaient fortune et bonheur. Le 18 août 1850, quatre mois après son hymen avec la comtesse Hanska, il mourut à Paris dans sa maison de la rue Fortunée [1]. Cette mort fut un deuil public. Balzac arrivait à peine au milieu de la carrière. Une large moisson de gloire était encore debout devant ce faucheur intrépide, qui avait amassé déjà tant de gerbes glorieuses. Mais, tout inachevée que soit son œuvre, elle n'en est pas moins gigantesque.

Il y a trois choses contre lesquelles la

1. Aujourd'hui rue de Balzac.

rage des passions humaines devient impuissante : Dieu, la lumière et le génie.

Quand un esprit supérieur se révèle, quand un flambeau s'allume au foyer de l'intelligence, il est aussi impossible de souffler dessus et de l'éteindre qu'il est impossible d'empêcher Dieu d'être et le soleil de rayonner aux cieux. Créez des entraves, suscitez des obstacles, amassez en nuages autour de l'astre les plus noires émanations de l'envie et de la haine, le rayon dissipera les ombres, la flamme percera toujours. Vous tuerez l'homme peut-être, mais l'intelligence aura sa manifestation radieuse. L'enveloppe sera brisée, mais le génie éclatera. Tous vos efforts, toutes vos colères ne réussiront qu'à donner à votre victime deux auréoles au lieu d'une : la gloire sera doublée du martyre.

Des éloges que nous accordons au grand écrivain, il ne faut pas conclure que son œuvre soit entièrement irréprochable.

Balzac a sacrifié parfois la morale à je ne sais quel instinct folâtre, et ses *Contes drôlatiques*, tour de force rabelaisien, qu'il désavoua pendant les dernières heures de sa vie, font tache au soleil de sa gloire littéraire. Ses regrets, comme ceux de La Fontaine, servent à mettre le lecteur en garde contre un livre dangereux.

Vous savez où est le poison, ne portez pas la coupe à vos lèvres.

557 — Paris.—Impr. H. Carion, r. Bonaparte, 64.

CATALOGUE

DE LA LIBRAIRIE

DES CONTEMPORAINS

13, RUE DE TOURNON

Spécialement destinée à la publication et à la vente des œuvres

De M. Eugène de Mirecourt

LE FLAMBEAU

SYSTÈME D'ÉCLAIRAGE POLITIQUE ET LITTÉRAIRE

Par Eugène de Mirecourt

JOURNAL-VOLUME de dix ou douze feuilles d'impression, paraissant par *fantaisie*, par *boutade* et sans aucune périodicité.

Prix : 2 francs.

Envoi franco *contre timbres-poste.*

On peut s'abonner d'avance pour cinq brochures, en envoyant un mandat de *Dix francs* au Directeur de la LIBRAIRIE DES CONTEMPORAINS, 13, rue de Tournon.

DIEU D'APRÈS LA FOI

Par l'abbé HENRI PLANET

1 beau volume in-8° jésus. — 6 francs.

LA COMTESSE DE COURNON

Par Alfred DE BESANCENET.

1 beau volume in-18 jésus. — 3 fr.

PROVERBES ET NOUVELLES

Par Alfred DE BESANCENET

2e édit.). 1 beau vol. in-18 jésus. — 3 fr.

UN AMOUR DE GRANDE DAME

Par Alfred DE BESANCENET

(3e édit.) 1 beau vol. in-18 jésus. — 3 fr.

LES BANQUES

D'EMISSION ET D'ESCOMPTE

Suivi d'un tableau graphique de la marche comparée des taux de l'escompte en Europe pendant les dix dernières années, et d'un tableau synoptique des sept banques publiques françaises, par MAURICE AUBRY, ancien membre de l'Assemblée législative. — 1 beau vol. in-8° jésus — 5 fr.

SOUS PRESSE :

LE THEATRE DE L'ENFANCE

Série de petites pièces très-morales et très-chrétiennes destinées à l'éducation des enfants. Dans le texte, une *mise en scène*, indiquée par le crayon d'un artiste distingué, aidera la mère de famille à tout organiser dans son salon, à dresser les jeunes acteurs et à leur donner autant que possible le sentiment du rôle, des gestes, etc. Depuis longtemps une publication de ce genre est réclamée par toutes les personnes qui comprennent la nécessité de former l'enfance au naturel du langage et à la distinction des manières.

La première pièce du THÉATRE DE L'ENFANCE, intitulée la *Part des pauvres*, est due à la plume de M. Eugène de Mirecourt.

AVANT

PENDANT ET APRÈS LA TERREUR

(Deuxième édition)

Par Eugène DE MIRECOURT.

POLÉMIQUES DIVERSES

Par le Même.

LES

CONTEMPORAINS

TROISIÈME ÉDITION

Revue par l'Auteur avec le plus grand soin, contenant cent Notices nouvelles, et ornée de portraits dessinés d'après les meilleures photographies.

EN VENTE :

Jules Favre. — Victor Hugo. — Berryer. — Le Père Félix. — Balzac. — Chateaubriand. — Odilon Barrot. — Villemessant. — Dumas père. — Le bibliophile Jacob (Paul Lacroix). — Auber.- Offenbach. — Rosa Bonheur. — Émile de Girardin. — Mgr Dupanloup. — Rose Chéri.- Bouffé. — Timothée Trimm. — Gérard de Nerval.-Eugène Guinot. — Gavarni. — Théophile Gautier. — Crémieux. — Garibaldi. — Sainte-Beuve. — Paul de Kock. — Jules Janin. — Barbès. — Lacordaire. — Guizot. — Lamartine. — Béranger. — Lamennais. — Charles Monselet. — Ponsard. — Augustine et Madeleine Brohan. — Cavour. — L'Impératrice Eugénie. — Bismark. — Ingres. — Alphonse Karr. — Mazzini. — Canrobert. — François Arago. — Armand Marrast. — Havin. — Méry. — Victor Cousin. — Mme Arnould Plessy. — Élie Berthet.-Etienne Arago. — Arnal.-Adolphe Adam. — Cormenin. — Melingue. — Pie IX. — Louis Veuillot. — Mérimée. — George Sand. — Henry Monnier. — Félicien David.

SOUS PRESSE :

Alfred de Musset. — Raspail. — Thiers. — Pierre Leroux. — Ricord.

LISTE

DES

BIOGRAPHIES NOUVELLES

Qui doivent être publiées

Edmond About.
Carnot.
Changarnier.
Émile Augier.
Théodore Barrière.
Buloz.
Roger de Beauvoir.
M. et Mme Ancelot.
Camille Doucet.
Got (de la Comédie française.)
Bressant.
Garnier Pagès.
Flocon.
Caussidière.

Le Père Enfantin.
Cabet.
Taxile Delord.
L'abbé Châtel.
Vte d'Arlincourt.
Lachaud.
Louis Figuier.
Ponson du Terrail.
Gaboriau.
Ernest Hamel.
Legouvé.
Henri Rochefort.
Renan.
Edouard Pailleron.

Pongerville.	Paul de Cassagnac.
Gran. de Cassagnac.	Clément Duvernois.
Capefigue.	Siraudin.
Fiorentino.	Taine.
Octave Féré.	Gambetta.
Daniel Stern.	Jules Simon.
Chaix d'Est-Ange.	Picard.
Jules de Saint-Félix.	Marc-Fournier.
Julia Grisi.	Charles Deslys.
Bancel.	Morny.
Ernest Feydeau.	Napoléon III.

Etc., etc.

Il paraîtra régulièrement deux Biographies par semaine.

PRIX DU VOLUME : 50 CENT.

Par la poste : 60 cent.

On trouve les **Contemporains** de M. Eugène de Mirecourt chez tous les libraires de France et de l'étranger.

PAR SOUSCRIPTION

Les personnes qui, pour recevoir VINGT BIOGRAPHIES au choix, enverront un mandat de DIX FRANCS sur la poste, auront droit à l'envoi direct, et *franco.*

---

593 — Paris. — Impr. H. Carion, r. Bonaparte, 64

www.ingramcontent.com/pod-product-compliance
Lightning Source LLC
LaVergne TN
LVHW010036230826
846091LV00005B/1721

* 9 7 8 2 0 1 9 6 8 1 0 7 4 *